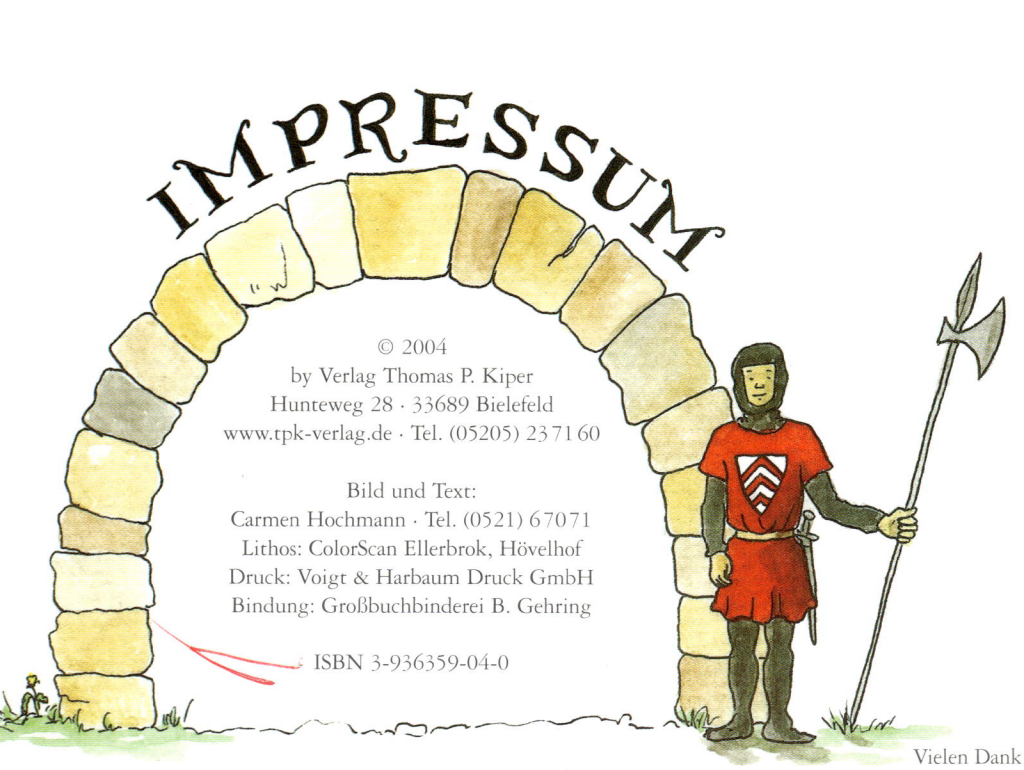

© 2004
by Verlag Thomas P. Kiper
Hunteweg 28 · 33689 Bielefeld
www.tpk-verlag.de · Tel. (05205) 23 71 60

Bild und Text:
Carmen Hochmann · Tel. (0521) 6 70 71
Lithos: ColorScan Ellerbrok, Hövelhof
Druck: Voigt & Harbaum Druck GmbH
Bindung: Großbuchbinderei B. Gehring

ISBN 3-936359-04-0

Vielen Dank an alle, die zur Verwirklichung dieses Buches beigetragen haben.

# INHALT

1

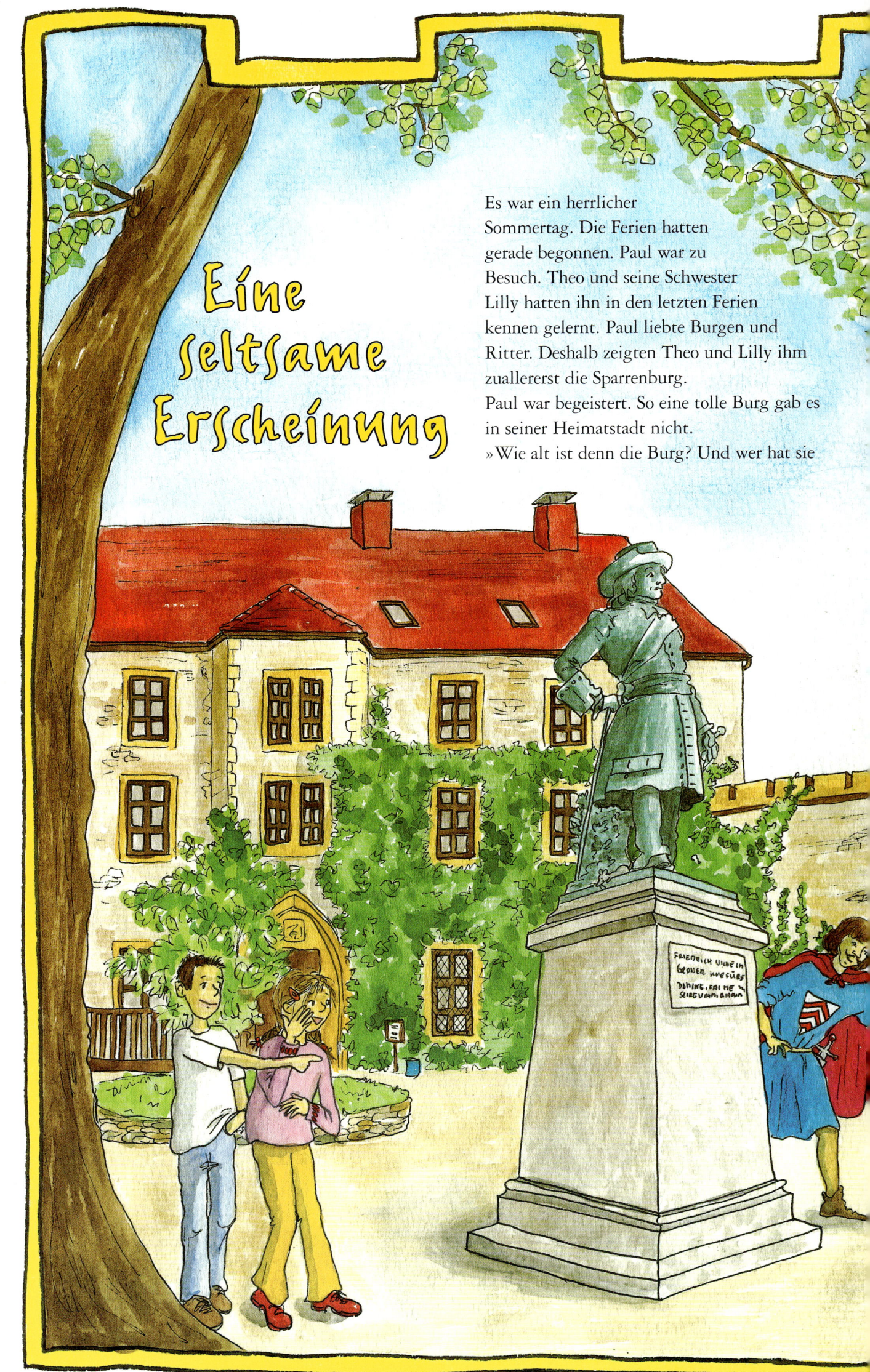

# Eine seltsame Erscheinung

Es war ein herrlicher Sommertag. Die Ferien hatten gerade begonnen. Paul war zu Besuch. Theo und seine Schwester Lilly hatten ihn in den letzten Ferien kennen gelernt. Paul liebte Burgen und Ritter. Deshalb zeigten Theo und Lilly ihm zuallererst die Sparrenburg. Paul war begeistert. So eine tolle Burg gab es in seiner Heimatstadt nicht.

»Wie alt ist denn die Burg? Und wer hat sie

gebaut?« Natürlich wollte Paul es mal wieder genau wissen. »Keine Ahnung«, meinte Theo. Die Kinder gingen durch den Burghof.

»Frag doch mal den da!« Lilly zeigte lachend auf ein Denkmal.

»Großer Kurfürst steht da drauf«, las Paul vor. »Wieso steht der hier? Hat der die Burg gebaut?«

»Lass mich mal«, rief Theo und stellte sich vor das Denkmal. Er verneigte sich und sagte ehrfürchtig: »Großer Kurfürst, wäret ihr so freundlich, uns einige Fragen zur Burg zu beantworten?«

Während Lilly und Paul noch lachten, trat aus dem Schatten des Denkmales eine Gestalt hervor. »Leider ist mein Freund zur Zeit verreist, aber vielleicht kann ich euch weiterhelfen? Gestatten: Graf Ludwig von Ravensberg, Erbauer dieser Burg.«

Der Mann verneigte sich freundlich. Er hatte einen eigenartigen Haarschnitt und war seltsam gekleidet. So, als hätte er ein Kleid an. Und diese Schuhe!

»Kommt, lasst uns abhauen, der spinnt«, meinte Theo nur.

»Das ist aber nicht sehr freundlich«, sagte der Mann. »Warum habt ihr dann erst gefragt?«

»Vielleicht kann er uns wirklich was erzählen«, meinte Lilly. »Lasst ihn doch.«

»Der hat sich bestimmt zu früh verkleidet, das Sparrenburgfest ist doch erst nächste Woche.« Zum Glück hatte Theo das Paul nur ins Ohr geflüstert und Graf Ludwig hatte nichts gehört.

Sonst wäre das, was ich euch jetzt erzähle, vielleicht niemals passiert ...

Heute

1240 – 1249

Bau

1250 – 1556

Angriff

Ritter

Kinder

Leben und Arbeiten

Küche

Brücke

Unter der Burg

Großer Kurfürst

Gefängnis

Heute

3

Mittelalter heißt die Zeit zwischen dem Altertum (bis etwa 400) und der Neuzeit (etwa ab der Entdeckung Amerikas 1492).

Das Wappen des Grafen Ludwig von Ravensberg zeigte drei Sparren auf silbernem Grund. Sparren sind Holzbalken, die das Dach eines Hauses tragen.

Die Sparren wurden auch ins Bielefelder Wappen übernommen. Und die Bielefelder Burg wurde nach ihnen Sparrenburg genannt.

Es wird aber auch gesagt, dass die Sparren im Wappen lediglich geometrische Winkel sind und der Name der Burg vom „Sparen Berg" – einem kahlen Berg ohne Bäume – abgeleitet ist.

# Die Anfänge der Burg

»Ich heiße Graf Ludwig von Ravensberg, so viel wisst ihr ja schon.

Mein Vater, Hermann IV. von Ravensberg, hatte um 1214 die Stadt »Bilivelde« gegründet.

Die Sparrenburg wurde dann unter meiner Aufsicht zwischen 1240 und 1249 errichtet. Es war schon ein bisschen eigenartig, dass erst die Stadt und dann die Burg entstand. Normalerweise ist das andersherum.«

Der seltsame Mann setzte sich mit den drei Kindern auf die Burgmauer.

»Warum hast du eigentlich die Sparrenburg gebaut?«, wollte Paul wissen. Paul war mal wieder sehr neugierig.
»Der Bau der *Burg Sparrenberg,* wie sie eigentlich heißt, sollte zeigen, wie mächtig ich war. Ich ließ sie hier oben auf dem Berg bauen, weil zwischen dem Sparrenberg und dem

Johannisberg dort drüben eine wichtige Handelsstraße verlief. Die konnte ich so überwachen und schützen. Die wenigen Bäume und Büsche, die es gab, ließ ich abhauen, somit hatten wir freie Sicht hinunter und die Angreifer keine Deckung.

Außerdem sollte die Burg Verwaltungsmittelpunkt werden. Alles, was besprochen werden musste, sollte auf der Burg beredet und entschieden werden. Natürlich wohnte ich auch auf der Burg. Und mit der Burg schützte ich auch die Menschen in der Stadt Bielefeld. Dafür hatten sie mir Abgaben zu zahlen.«

»Was sind denn Abgaben?« Auch Theo und Lilly hatten gespannt gelauscht.

»Im Mittelalter war es so üblich, dass die Burgherren die Städte im Falle eines Krieges verteidigen mussten. Dafür hatten sie ihre

Ritter und Soldaten. Im Gegenzug hatten die Stadtbürger und Bauern dem Burgherren Abgaben zu zahlen. Das waren meist Lebensmittel wie Getreide, Milch, Eier, aber auch Tiere oder Geld. Gab es Missernten und hatten die Bauern selbst kaum etwas zu essen, mussten sie diese Abgaben trotzdem zahlen und selbst hungern.«
»Das ist aber ziemlich ungerecht gewesen«, protestierte Paul.
»So war es im Mittelalter eben«, meinte Graf Ludwig nur.

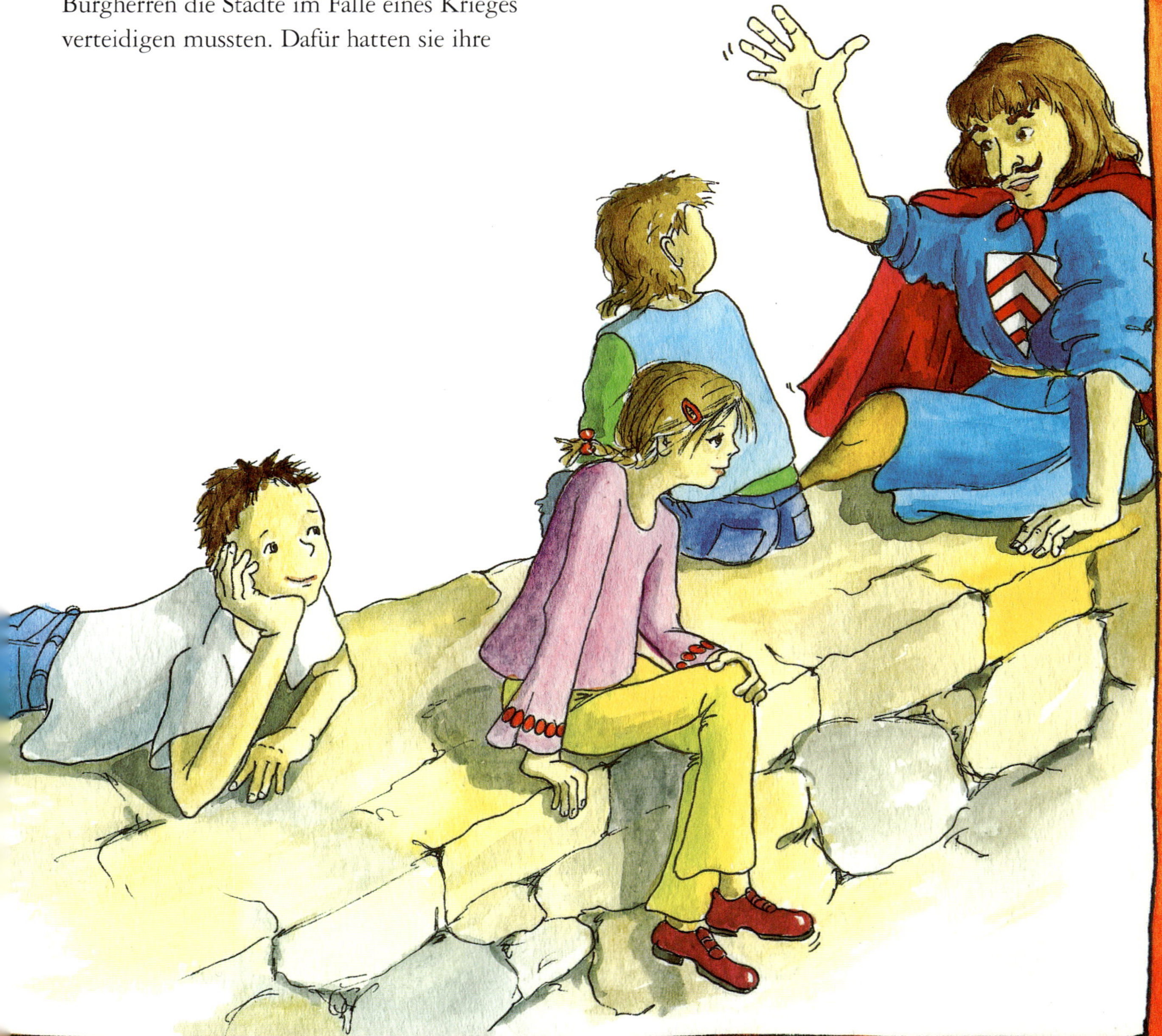

5

Schmiede stellten Werkzeug aus Eisen her, wie etwa den Meißel oder die Axt.

Die Steinmetze arbeiteten mit Hammer und Meißel. Die Hämmer waren nur beim Bildhauer komplett aus Holz.

Handsäge für 2 Personen

Die Zimmerleute arbeiteten mit Holz und bauten zum Beispiel den Dachstuhl oder auch Möbel.

Tretrad

# So baute man eine Burg

»Burgen baute man früher sehr stabil, sie mussten ja gegen Angreifer standhalten. Und deshalb dauerte es viele Jahre, bis die Sparrenburg fertig war. Die Mauern sind an einigen Stellen dicker als drei Meter.« Graf Ludwig erzählte munter weiter.

»Wie baute man denn eigentlich eine Burg?«, wollte Theo wissen.

»Es gab gelernte Steinmetze, die große Steine mit Hammer und Meißel behauten, bis sie eine Quaderform hatten. Die Mauer bestand dann aus drei Teilen.

Es wurden zwei parallel verlaufende Mauern aus Quaderstein gebaut. Dazwischen kam das Füllwerk aus Schotter, Geröll und Mörtel. So war die Mauer besonders stabil. Die Quadersteine wurden nur an drei Seiten genau bearbeitet, die vierte Seite wurde grob behauen, so sparte man Kosten.« Graf Ludwig erklärte alles ganz genau.

»Aber wie konnten die Leute denn die schweren Steine hoch auf die Mauer bekommen? Die konnte man doch sicherlich nicht über eine Leiter hinauftragen, oder?«, überlegte Paul.

»Ja, du hast recht, die Steine waren dazu viel zu schwer. Aber auch damals wusste man sich schon zu helfen. Ein großes Tretrad wurde gebaut, und mit dem konnte ein Mann das Zehnfache seines Gewichtes nach oben bewegen.«

»Die waren aber schlau«, bemerkte Lilly anerkennend.

»Schaut mal.« Graf Ludwig deutete auf den Turm. »Noch heute sieht man, dass der Bergfried, so nennt man einen Burgturm, etwas eiförmig ist. Und das hatte auch seinen Sinn. Dort, wo der Turm so *gepfeilt* ist, also fast spitz zuläuft wie ein Pfeil, da war die Hauptangriffsseite. Kamen nun Steine geflogen und trafen nicht genau die Mitte des Turmes, so prallten sie zur Seite ab, ohne größeren Schaden zu verursachen.«

»Das war aber geschickt ausgedacht.« Theo war begeistert.

»Wir waren ja nicht dumm, nur weil wir im Mittelalter lebten«, meinte Graf Ludwig ein wenig beleidigt.

Heute

1240 – 1249

Bau

1250 – 1556

Angriff

Ritter

Kinder

Leben und Arbeiten

Küche

Brücke

Unter der Burg

Großer Kurfürst

Gefängnis

Heute

7

## KIEKSTADTRONDELL

Der Name kommt daher, weil man von dort gut in die Stadt gucken (kieken) kann.

## MARIENRONDELL

Von dort sieht man die Marienkirche.

## SCHUSTERRONDELL

Beim Rückzug der Angreifer konnte man ihnen von hinten die »Schuhe besohlen«, wie man damals sagte – sie also nochmals beschießen. Im Innern des Rondells befanden sich die so genannten

## KASEMATTEN

Das waren Räume, deren Decken so gut gebaut waren, dass sie von Kanonen nicht zerstört werden konnten. Dort konnte die Mannschaft Schutz suchen und Werkzeug und Material gelagert werden. Es gab hier unten sogar eine große Bäckerei und mehrere Werkstätten.

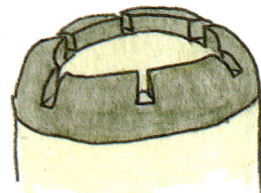

## WINDMÜHLENBASTION

Einstmals freistehender, vorspringender Teil der Festung; wurde später Teil des Scherpentiners. Sein Dach sah aus wie das Dach einer damaligen Windmühle. Wandstärke 6,5 m.

Die »Schächte« auf den Rondellen dienten der Belüftung. Außerdem konnte man sich so von unten nach oben und andersherum verständigen.

## SCHERPENTINER

Die spitze Mauerecke nahe der Windmühlenbastion. Auf ihm standen Schlangenbüchsen – Serpentinen genannt. Das waren Geschütze mit einem langen Rohr.

## VORWERK

Ein gesichertes Hindernis vor den Toren der Burg. Das Vorwerk sollte einen Sturmangriff auf das Burgtor erschweren.

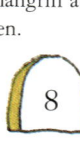

8

# Die Sparrenburg bis 1556

»1249 bin ich leider gestorben. Im Mittelalter wurde kaum einer älter als 40 Jahre.« Graf Ludwigs Gedanken schienen abzuschweifen.

»Was geschah eigentlich mit der Burg, als du gestorben bist?«, wollte Paul wissen.

»Mein Sohn Otto III. lebte dann mit seiner Familie auf der Burg«, antwortete Graf Ludwig von Ravensberg den drei Kindern.

»Er hatte zwei Söhne, Otto IV. und Bernhard. Otto IV. hatte eine Tochter, die in die Familie von Jülich einheiratete. Und als dann Bernhard kinderlos im Jahre 1346 starb, gab es keinen männlichen Ravensberger mehr. Die Burg gehörte ab da der Familie von Jülich.

Irgendwann, genauer gesagt 1511, hatte dann auch die Familie von Jülich keine männlichen Nachkommen mehr. Die Burg fiel an die Familie von Kleve. Diese hat in der Zeit von 1535–1556 die drei Rondelle, den Scherpentiner und das Vorwerk bauen lassen.«

»Was ist denn das nun schon wieder?« Theo konnte mit diesen Wörtern wirklich nichts anfangen.

»Ich mache euch mal eine Zeichnung.« Und schon begann der seltsam gekleidete Mann mit seinem Schwert Umrisse in die Erde zu zeichnen. So konnten die drei Kinder gut sehen, um wieviel größer die Burg im Laufe der Jahre geworden war.

1 – Bergfried, Burgturm
2 – Brunnen
3 – erster Palas (bis ca. 1340)
4 – erste Vorburg (bis ca. 1340)
5 – erste Hauptburg (bis ca. 1340)
6 – ursprünglicher Eingang (bis ca. 1340)
7 – Palas (ab ca. 1340), Gefängnis (1743–1877), heutiges Restaurant
8 – Torhaus (ca. 1340 bis 1550)
9 – Windmühlenbastion (ca. 1450)

10 – Brücke zur Windmühlenbastion (ca. 1450)
11 – Kiekstadtrondell (ca. 1535–1550)
12 – Marienrondell (ca. 1535–1550)
13 – Schusterrondell (ca. 1535–1550)
14 – Torhaus (um 1550)
15 – Vorwerk (um 1550)
16 – Scherpentiner (ca. 1556)
17 – Hier stehen heute noch alte Mauerreste, die in etwa die ursprüngliche Begrenzung der Burg um 1250 zeigen.

»Schaut«, sagte Graf Ludwig. »Rondelle sind diese runden Türme, die man an den Ecken der Burg gebaut hat. Von dort oben und auch von drinnen konnte man in alle Richtungen schießen und sich so besser verteidigen. Zuerst entstand allerdings die freistehende Windmühlenbastion, noch unter der Familie von Jülich, so um 1450. Über 80 Jahre später wurden auch die anderen Seiten der Burg gesichert. Und weil nun die erste Bastion nicht genau auf der Ecke stand, dachte man, man müsse sie noch zusätzlich absichern. Da holte man sich extra den Alessandro von Pasqualini aus Spanien. Und der hat den Scherpentiner, das ist diese spitze Ecke hier, entworfen und bauen lassen. Das war so um 1556.

Zum einen war die Festung nun viel sicherer geworden, zum anderen aber auch viel größer. Nun hatten etwa 150 Mann auf ihr Platz.« »Haben die denn alle auf der Sparrenburg gelebt?« »Nein«, sagte Graf Ludwig. »Die Familien von Jülich und von Kleve lebten beide woanders. Sie kamen nur zur Burg, wenn sich hoher Besuch – zum Beispiel der Kaiser – ankündigte. Auf der Burg lebten die Verwalter, die so genannten Drosten. Sie waren für alles verantwortlich und mussten die Burg verteidigen. Dafür durften sie dort wohnen und bekamen einen Hofstaat von 30 Personen, außerdem Geld und Lebensmittel.«

»Was ist denn ein Hofstaat?«, wollten die Kinder wissen.
»Das waren Leute, die den Drosten dienten. Sie mussten für sie arbeiten, also kochen, waschen, sauber machen, Tiere füttern und auch Wache halten«, erklärte Graf Ludwig.

Wilhelm II.
Gerhard von Jülich
Margarethe
Otto IV.
Bernhard
Otto III.
Otto II.
Ludwig
Hermann V.
Hermann IV. von Ravensberg

Burg um 1250
Burgerweiterung um 1340, Größe ca. 45 x 80 m
Burg ab 1556

Heute
1240 – 1249
Bau
1250 – 1556
Angriff
Ritter
Kinder
Leben und Arbeiten
Küche
Brücke
Unter der Burg
Großer Kurfürst
Gefängnis
Heute

9

Pechnase

»Pech gehabt« bedeutete einst, vom heruntergeschütteten Pech getroffen worden zu sein. Heute heißt es: kein Glück haben.

Oft waren die Unterseiten der Zugbrücken mit Metall beschlagen. Im geschlossenen Zustand prallten dort Brandpfeile ab, und es war auch schwieriger, das Tor mit dem Rammbock zu durchstoßen.

Oft wurden auch tote Tiere über die Mauern geschleudert, um innerhalb der Burg Krankheiten zu verbreiten.

Manchmal gruben die Angreifer unterirdische Gänge bis unter die Burgmauern. Dann wurden die Holzbalken, die den Tunnel stützten, in Brand gesetzt, um die Burgmauern zum Einsturz zu bringen.

# Angriff auf eine Burg

Brandpfeil

Sturm-leiter

Pech-nase

nasse Tier-haute

Rammbock

zugeschütteter Burggraben

»Erzähl doch mal, wie die Sparrenburg angegriffen wurde«, forderte Theo Graf Ludwig auf.

»Ja, das war sicher sehr spannend«, meinte auch Paul.

»Tja, die Sparrenburg lag ja nun auf einem Berg und war damit eine Höhenburg. Und diese waren schwer anzugreifen und kaum zu besiegen. Die Angreifer wurden von vornherein daran gehindert, ihre Katapulte oder ihre Kanonen aufzustellen. Die Sparrenburg wurde nie erobert. Stattdessen wurde sie aber belagert. Denn damit konnte man die Burgherren auch zum Aufgeben zwingen.«

»Wieso denn das?«, fragte Paul.

»Man wartete vor den Mauern, bis alle ausgehungert waren. Dann musste die Burgbesatzung aufgeben«, meinte Graf Ludwig.

»Die hatten aber komische Ideen«, meinte Lilly.

»Ja, aber auch Verträge wurden geschlossen und die Burg so kampflos übergeben. Dabei ging es um Macht und natürlich ums Geld.«

»Wie wurden denn andere Burgen angegriffen? Was gab es damals für Waffen?« Theo wollte das nun unbedingt wissen.

»Es gab Katapulte und Triboke«, erklärte Graf Ludwig. »Das waren Wurfgeschosse. Oft wurden sie erst vor Ort gebaut. Damit konnte man große Steine auf die Burg schleudern und versuchen, die Mauern zu zerstören. Steine konnten bis zu 400 Meter weit geschleudert werden. Die Angreifer hatten natürlich auch Sturmleitern, um über die hohen Mauern zu gelangen, und Brandpfeile, mit denen sie die Gebäude auf der Burg in Brand stecken konnten. Außerdem gab es noch die Belagerungs- oder Rolltürme. Die hohen Türme wurden schon vorher gebaut und wurden nur noch an die Mauern herangerollt. Viele Krieger konnten an ihnen hinauf klettern und oben die Burg über eine Zugbrücke stürmen.

Und es gab noch den Rammbock. Das war ein starker Baumstamm auf einem Holzgerüst mit Rädern. Damit wollte man das Tor aufstoßen. Dazu wurde zuvor der Burggraben mit Steinen und Ästen gefüllt, damit man darüber fahren konnte. Um sich als Angreifer vor Pfeilen oder herabgeschüttetem heißen Pech und Wasser zu schützen, hatte der Rammbock ein Dach aus nassen Tierhäuten.

Später dann, ab 1400, wurden Kanonen erfunden. Deshalb wurden an der Sparrenburg auch die Rondelle gebaut, um die Festung sicherer zu machen. Von dort wurde auch mit Kanonen zurückgeschossen. Und den Angreifern gelang es dann nicht mehr, ihre Kanonen in Position zu bringen. Und auch Rammböcke und Belagerungstürme konnten hier nicht zum Einsatz kommen, da das Gelände viel zu felsig und der Burggraben zu tief war. Angreifer hatten einfach keine Chance und deshalb ist eine Eroberung der Sparrenburg zum Glück erspart geblieben.«

Vor Pfeilen schützte man sich durch einen Zaun aus Holzbalken oder Strohgeflecht.

Rollturm

Katapult

11

Ritter hießen so, weil sie nicht zu Fuß in den Kampf zogen, sondern auf einem Pferd ritten. Die Pferde hießen Streitrosse und waren besonders stark; nur so konnten sie den Ritter mit seiner schweren Rüstung tragen.

Ein Kettenhemd bestand aus etwa 30000 ineinander gehakten Eisenringen und wog bis zu 30 kg; es diente als Schutz etwa gegen Speere. Hatte ein Ritter seine Kleidung für den Kampf angezogen, war er so schwer, dass er nicht allein aufs Pferd kam. Oft wurde er mit einem Seilzug hochgehievt.

Die Pagen mussten die Kettenhemden vom Rost befreien. Da sie nicht jeden Ring einzeln putzen konnten, warfen sie das Hemd in einen Sack und füllten Sand dazu. Dann sollen sie damit Fußball gespielt haben. Der Sand scheuerte den Rost im Nu weg.

Vor einem Turnier konnten die Ritter mit einer Stechpuppe üben, die ein Schild und eine Keule hatte. Die Stechpuppe sollte so getroffen werden, dass sie umfiel. Traf man nicht richtig, schlug sie einen selbst mit der Keule zurück.

# Ritter

»Soll ich euch mal was über die Ritter erzählen?«, fragte Graf Ludwig von Ravensberg die drei Kinder.
»Ja, super«, rief Theo.
»Fang an«, meinte auch Paul.
»Wie wurde man eigentlich Ritter?«, wollte Lilly wissen.

»Um Ritter zu werden, musste man Sohn eines Adeligen sein«, erklärte Graf Ludwig. »Der Vater schickte den Sohn meist schon mit 7 Jahren zu einem anderen Grafen, Baron oder Herzog, um dort als Page zu arbeiten. Pagen lernten das Jagen, Schwimmen, Reiten und den Umgang mit Pfeil und Bogen und dem Schwert. Außerdem wurde ihnen Schach beigebracht und sie lernten die Manieren am Hof kennen. Wenn sie Glück hatten, durften sie auch lesen und schreiben lernen.

Zwischen 14 und 16 Jahren wurden sie dann Knappe. Damit waren sie persönliche Diener eines Ritters. Sie mussten beim Anlegen der schweren Ritterrüstung helfen, bei Turnieren dabei sein und auch mit in den Kampf ziehen, um ihrem Ritter zur Seite zu stehen. Natürlich wurde auch das Kämpfen und der Umgang mit Schwert und Lanze weiter geübt.

Mit 21 Jahren wurde der Knappe dann zum Ritter geschlagen. Die Nacht vor der Zeremonie, die man damals Schwertleite nannte, verbrachten die Knappen alleine und betend vor dem Altar. Am Morgen wurden sie dann von einem älteren Ritter mit einem Schwertschlag auf die Schulter feierlich zum Ritter geschlagen. Sie mussten geloben, ritterlich und tapfer zu sein.

Ritterliche Tugenden waren: vornehm, gerecht, hilfsbereit, großherzig und tapfer im Kampf zu sein. Sie mussten treu gegenüber ihrem Herrn sein und voller Respekt gegenüber den Frauen. Außerdem sollten sie nach den Geboten Gottes leben und Witwen und Waisen schützen.

Nach dem Gelöbnis bekamen sie eine Rüstung, ein Schwert und manchmal auch ein eigenes Pferd. Danach gab es ein großes Fest.

Ihre Aufgabe war es nun, ihrem Herrn, dem Grafen oder Baron, zu dienen. Dies war ihr Beruf. Sie waren verpflichtet, für ihn zu kämpfen.

Gab es keine Kriege, veranstalteten die Adeligen Ritterturniere. Obwohl diese Kampfspiele mit stumpfen Waffen ausgeführt wurden, gab es oft Verletzte und sogar Tote. Aber die Ritter blieben in Übung.

Zu den mehrere Tage dauernden Turnieren und Festlichkeiten kamen viele Leute aus der Gegend.

Ein knielanges Kettenhemd schützte anfangs den Ritter. Später kamen Beinlinge aus Eisenringen dazu, metallene Schienen an Armen und Beinen, eiserne Schuhe und Handschuhe. Die Ritterrüstung mit geschlossenem Helm und Sehschlitz war die letzte Stufe der Entwicklung.

Es gab drei Kampfspiele: Beim *Tjost* ritten zwei Ritter aufeinander zu und versuchten sich gegenseitig mit der Lanze aus dem Sattel zu heben.

*Buhurt* war ein Kampf zweier Mannschaften mit Lanzen und Schwertern.

Beim *Kolbenturnier* kämpften zwei Ritter mit Schwert oder Holzkolben gegeneinander. Ziel war es, den Federbusch auf dem Helm abzuschlagen.

Ein wirklicher Kampf hatte aber mit einem Turnier nichts zu tun. Denn bei einem Kampf gab es keine Regeln, wichtig war nur zu töten. Das Fußvolk mit seinen Bogenschützen war eine große Hilfe. Fiel ein Ritter jedoch vom Pferd, lag er mit seiner schweren Rüstung unbeweglich auf dem Boden und konnte sich nicht mehr selbst helfen. Er konnte einfach gefangen genommen oder getötet werden.

Am Ende des Mittelalters wurde der Beruf des Ritters bedeutungslos, als mit dem Schießpulver die Kanonen erfunden wurden, gegen die ein Ritter nichts mehr ausrichten konnte.«

»Sag mal, Ludwig, gab es denn das alles hier auch auf der Sparrenburg?«, wollte nun Paul wissen. »Ritter gab es in Bielefeld schon. Und sie kämpften natürlich auch, wenn es Krieg gab. Ritterturniere haben auf der Burg aber nicht stattgefunden, dazu war hier nämlich nicht genug Platz.«

Tjost

13

Adeliges Mädchen

Alle Kinder trugen im Mittelalter eine Art Kittel oder Kleid. Das war einfacher, denn es gab noch keine Windeln! Erst mit etwa 7 Jahren bekamen die Jungen eine Art Hose. Die Kostüme der adligen Kinder waren aus kostbaren, nicht pflegeleichten Stoffen, deshalb trugen die Kinder Lätzchen und Schürzen. Für die Erwachsenen waren sie schön anzusehen, aber die Kinder konnten sich kaum bewegen. Unterwäsche gab es noch nicht.

Adeliger Junge – zu erkennen an dem Hut

Bauernkind in einfachem Kittelchen

Kind mit Fallhut

# Kinderalltag

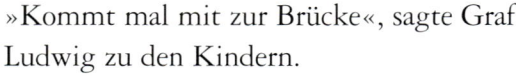

»Kommt mal mit zur Brücke«, sagte Graf Ludwig zu den Kindern.
Und schon liefen die drei Kinder ihm nach. Theo sprang über die großen Steine.
»Oh nein«, schrie er plötzlich. »Mein Gameboy ist in den Dreck gefallen. Hoffentlich ist er nicht kaputt.«

Graf Ludwig trat neugierig näher. »Was ist das denn?«, wollte er wissen.
»Ach, so'n Spielzeug. Willst du mal?«
»Nein, damit kenne ich mich nicht aus. Was

es heutzutage alles gibt. Das war im Mittelalter noch nicht vorstellbar.«
»Wie war das denn früher? Wie lebten die Kinder im Mittelalter?« Das wollten die drei nun genauer wissen.

»Die Kinder hatten damals nicht viel zu lachen. Waren sie geboren, wurden sie ein halbes Jahr lang so fest in Tücher gewickelt, dass sie sich nicht bewegen konnten. Kinder

galten als Wesen ohne Verstand und Nutzen. Man nahm die Kleinkinder nicht besonders wichtig – außer den erstgeborenen Sohn. Und die Eltern – Arme wie Reiche – warteten nur darauf, bis das Kind aus dem »Hätschelalter« heraus war und mitarbeiten konnte. Das war bereits mit 7 Jahren der Fall.«

»Was, mit 7 Jahren schon, das ist doch viel zu früh«, fiel Lilly dem Grafen laut ins Wort.

»Viele wohlhabende Leute brachten ihre Kinder, bis sie etwa drei Jahre alt waren, zu anderen Frauen, den sogenannten Ammen. Diese fütterten und zogen die Kinder auf. Dann kamen sie wieder zu ihren Eltern zurück. Kinder wurden kaum beachtet. Es gab auch kaum Spielsachen für sie. Aber die Menschen hatten verschiedene Dinge erfunden, um die Kinder ruhig zu stellen. Da gab es Hängesitze, in denen die Kinder bewegungsunfähig aufbewahrt wurden. Sie sind nicht mit einer Schaukel zu vergleichen. Man baute Gitterkäfige mit Rollen, in denen die Kinder gehen, aber nicht weglaufen konnten. Manche wurden auch über Stunden in einen Kinderstuhl mit integriertem Töpfchen gesetzt. Außerdem trugen fast alle einen Fallhut, ähnlich einem Helm, der weich gepolstert war. All diese Dinge schützten die Kinder und bewahrten die Erwachsenen vor allzu viel Mühe und Sorgfalt.

Bauernfrauen, die auf dem Feld arbeiten mussten, empfanden ihre Kinder in diesem Alter oft als Plage. Die Kinder waren immer dabei, ob draußen in der Kälte oder auf dem Feld; sie sahen, wie jemand starb oder Kinder geboren wurden. Waren sie endlich 7 Jahre alt, so mussten sie mitarbeiten. Manchmal waren die Bauernjungen bei jedem Wetter den ganzen Tag allein auf dem Feld, um Schafe zu hüten. Oder sie gingen allein zu einem fremden Hof, um dort als Tagelöhner zu arbeiten.

Ritter schickten ihre Söhne als Pagen zu anderen Burgen. Dort wurden sie zu kleinen Kriegern ausgebildet, konnten dann Knappe und später Ritter werden. Adelige Jungen durften auch lernen. Mädchen hingegen sollten den ganzen Tag zu Haus bleiben. Sie lernten einen Haushalt führen, nähen, sticken oder weben und sich auf die Aufgabe als Ehefrau vorbereiten.«

»Naja, das hatte ja noch Zeit, oder?« Lilly lachte.

»Oh nein. Die Kinder wurden früh verheiratet, zwischen 12 und 16 Jahren. Aber glaubt nicht, man konnte sich seinen Ehepartner selbst aussuchen. Die Eltern trafen oft schon bei der Geburt Abkommen, wer später geheiratet werden musste.«
»Oh, wie schrecklich«, stöhnte Lilly.

Heute

1240 — 1249

Bau

1250 — 1556

Angriff

Ritter

Kinder

Leben und Arbeiten

Küche

Brücke

Unter der Burg

Großer Kurfürst

Gefängnis

Heute

15

# Kinderspiele

»Haben die Kinder denn gar nicht gespielt?«
Das konnte Lilly sich nicht vorstellen.

»Alle Kinder spielen gern, und so hat man im
Mittelalter auch gespielt, aber eben nicht so
viel und so lange wie ihr heute. Es gab noch
keine Spielsachen aus Kunststoff. Meist hat
man sich selbst etwas gebaut. Mädchen mach-
ten sich Puppen aus Sackleinen oder Stoff und
Leder. Sie waren gefüllt mit Wolle, Moos oder
Stroh. Die Jungen ritten gern auf Steckenp-
pferden. Auch Stelzen kannte man schon. Ein
beliebtes Spielzeug war der Kreisel aus Holz,
der mit einem Stock zum Drehen angetrieben
wurde. Auch die Murmelspiele kannten die
Kinder schon, die sie mit runden Steinchen
spielten. Für Spiele wie Tic Tac Toe oder
Backgammon benutzten sie Tierknochen. Ja,
soger Schach wurde schon gespielt, allerdings
vorwiegend von Adeligen.«

»Gab es schon Bälle?«, wollte Paul nun
wissen.
»Ja. Natürlich sahen sie anders aus als die
heutigen. Auch nahmen sich die Kinder
damals Schweinsblasen, die beim Schlachten
übrig blieben, und bliesen sie auf. So hatten
sie Luftballons. Andere füllten Steinchen
hinein und spielten Fangball, Fußball oder
Schlagball damit.«

Es gab Schlittknochen, die wurden
unter den Schuhen befestigt.
Damit konnte man – ähnlich wie
heute – Schlittschuh laufen.

Kugelspiele wurden mit Natur-
produkten wie Nüssen, Äpfeln,
Wollknäueln oder auch Eiern
gespielt.

Auch das Spiel »Blinde Kuh«
war schon bekannt. Es kam aus
Frankreich.

Reifen

Steckenpferd

Stelzen

Puppe

Kreisel

## SPIELANLEITUNG HIMMEL UND HÖLLE

Male das Spielfeld mit Kreide auf den Boden. Der erste Spieler nimmt einen Stein und wirft ihn in das Feld 1. Dann hüpft er auf einem Bein in das Feld 1 und versucht dann den Stein in das Feld 2 zu schubsen (einfach: mit dem freien Bein; schwierig: mit dem Bein, auf dem man steht). Von dort geht es genauso weiter bis zum Feld 3. Von dort wird der Stein zum Feld 6 geschubst. Der Spieler springt nun auf Feld 4 und 5 gleichzeitig – jeweils mit einem Fuß. Ins Feld 6 wird wieder nur mit einem Fuß gehüpft. Von dort wird der Stein in den Himmel geschubst. Die Hölle

wird übersprungen. Im Himmel darf man mit beiden Beinen zugleich aufkommen und eine kurze Pause machen. Dann wird zurückgehüpft und der Nächste ist an der Reihe. Bei einem Fehler muss der Spieler aufhören, der Nächste darf beginnen. Fehler sind: Wenn mit dem Fuß eine Linie berührt wird, der Stein nicht im vorgesehenen Feld landet oder wenn der Spieler die Hölle berührt.

## SPIELANLEITUNG KUGELSPIEL

Es wird ein Dreieck auf die Erde gezeichnet. Dies wird in 10 gleich breite Felder unterteilt und nummeriert – das kleinste Feld hat die größte Zahl. Jeder erhält 5 Spielsteine (Nüsse, Kugeln, Murmeln, Steinchen) gleicher Farbe. Aus einem Abstand von etwa 2 Metern werden sie so zum Spielfeld gerollt, dass sie auf den nummerierten Feldern liegen bleiben. Wer die meisten Punkte erreicht, ist Sieger. TIPP: Auch drinnen lässt sich dieses Spiel spielen. Klebe das Dreieck dazu mit Kreppband auf den Boden.

## SPIELANLEITUNG TIC TAC TOE

Der Spielplan mit 4 Feldern wird aufgezeichnet (auf Papier, in den Sand oder mit Kreide auf die Straße). Dieses Spiel wird zu zweit gespielt. Jeder hat drei Spielsteine einer Farbe. Auf die neun Schnittpunkte werden nun abwechselnd die Steine gesetzt. Sind alle Steine gesetzt, dürfen – und müssen – sie auf einen benachbarten Schnittpunkt geschoben werden. Wer zuerst seine Steine in einer Reihe hat – waagerecht, senkrecht oder diagonal – der hat gewonnen.

TicTacToe

Das Wasser musste mühsam aus dem Brunnen geholt werden.

Es gab keine Heizung – jeden Tag musste wieder neu Feuer im Kamin gemacht werden.

Das Klo konnte sich in einem Erker an der Außenmauer der Burg befinden. Man saß auf einem Holzbrett mit Loch. Im Winter war es zugig und kalt; im Sommer konnte es manchmal ganz schön stinken, deshalb wurde der Boden mit duftenden Kräutern bedeckt.

Da die Sparrenburg aber keinen Wassergraben rundherum hatte, in den die Ausscheidungen fallen konnten, gab es dort wahrscheinlich kein »Luftklo« sondern »Kackstühle«. Dies waren prunkvolle Stühle auf Rollen mit einem Kübel darunter, in den man reinmachen konnte. Sie konnten überall hingefahren werden. Die vollen Kübel wurden den Bauern mitgegeben.
Bei Belagerung wurden sie über die Mauern geschüttet.

Es gab kein elektrisches Licht – nach Sonnenuntergang gingen die Menschen schlafen.

# Leben und Arbeiten

Im Mittelalter war die Gesellschaft in 4 Schichten unterteilt. Ganz oben stand der König, unter ihm die Grafen, Barone und Herzöge. Dann kamen die Ritter und Edelfrauen, ganz unten standen die Bauern – die freien und die leibeigenen.

»Sag mal, Ludwig«, fing Lilly an, »wie lebten die Menschen eigentlich so im Mittelalter? Was haben sie gearbeitet?«

»Für die Bauern hieß Leben eigentlich: Überleben«, begann Graf Ludwig zu erklären. »Ständig kämpften sie gegen die Kälte, den Hunger, gegen Krankheiten und gegen Überfälle von Banditen oder Wolfsrudeln. Die Bauern führten ein hartes Leben. Den ganzen Sommer arbeiteten sie auf dem Feld, um die Ernte einzuholen, im Winter spannen und webten sie oder nähten Kleider, um ihre Familien gegen die Kälte zu schützen. Immer hatte man Angst, dass die eingelagerten Lebensmittel, durch Trocknen, Räuchern und Salzen haltbar gemacht, nicht über den Winter reichten.

Anfangs stellte jeder noch selbst alles für sich her – so gut er konnte. Die Häuser wurden selbst gebaut, das Brot selbst gebacken und Gemüse angebaut.

Nach und nach entstanden neue Berufe wie Bäcker, Kerzenmacher, Maurer, Zimmermann oder Schmied.
Auch auf der Sparrenburg wurde geschmiedet, Hufeisen wurden gefertigt, Waffen und Werkzeug hergestellt oder repariert.

Auf Burgen gab es noch andere Berufe wie Gärtner oder Koch, Pferdeknecht, Waffenmeister oder Schreiner. Natürlich gab es auch Knechte und Mägde und einen Verwalter. Obwohl die Menschen damals wenig hatten, feierten sie doch gerne Feste – die Armen wie die Reichen.

Die reichen Menschen, also etwa die Grafen, wie ich einer war, arbeiteten nicht. Sie lebten auf Kosten der Bauern,

denn diese hatten ihnen ja Abgaben zu zahlen. War der Winter hart und gab es wenig zu essen, holten sich die Burgherren ihren Anteil auch mit Gewalt.

Ansonsten galt unser Interesse nur dem Krieg, der Jagd und dem Schachspiel als Zeitvertreib. Bei den Burgfrauen kamen zunehmend Weben und Sticken in Mode.

Das Leben spielte sich in einem einzigen großen Raum ab. Dieser wurde zunehmend mit Wandbehängen unterteilt, um ihn gemütlicher und vor allem wärmer zu machen.

Als Möbel gab es nur Bänke und große Truhen, in denen das Geschirr und andere Dinge aufbewahrt wurden. Tische wurden aus Holzböcken und Brettern bei Bedarf zusammengestellt. Nur die Reichen hatten Teppiche, die übrigen legten Heu und Stroh auf ihren Fußboden, um nicht auf den kalten Steinen zu laufen.

Eltern und Kinder schliefen in diesem Zimmer zusammen. Die Betten hatten rundherum Vorhänge; die wurden nachts zugezogen, um die Wärme im Bett zu halten.«

Heute

1240 — 1249

Bau

1250 — 1556

Angriff

Ritter

Kinder

Leben und Arbeiten

Küche

Brücke

Unter der Burg

Großer Kurfürst

Gefängnis

Heute

19

# Die Burgküche

Speisen wurden zunehmend auffällig und kunstvoll dekoriert.

Es wurden raffinierte Kunstwerke aus Zuckerguss hergestellt.

Wasser aus Zisternen (Anlagen zum Auffangen und Speichern von Wasser) wurde mit Wein, Süßholzsaft oder Honig gemischt, um den abgestandenen Geschmack zu überdecken.

Bier wurde nur im Winter hergestellt, denn es musste kühl gelagert werden und war nur wenige Tage haltbar. Das Bierbrauen übernahmen die Frauen.

»Ich hätte euch gern die Burgküche gezeigt!«, meinte Graf Ludwig von Ravensberg, als er mit den drei Kindern Theo, Paul und Lilly über das Burggelände ging.
»Da war immer viel los. Und schön warm war es dort auch, denn es wurde auf dem offenen Feuer gekocht. Anfangs war die Feuerstelle in der Mitte des Raumes, später aber baute man sie an die Seitenwand. Und man baute auch einen Kamin dazu, damit der Rauch abziehen konnte.«

»Was haben die Leute denn damals gekocht und gegessen?«, wollte Lilly wissen.

»Das Hauptnahrungsmittel war Brot – feines Weißbrot für die Reichen und Hafer- oder Roggenbrot für die Bauern. Davon aßen die Menschen manchmal 1 kg am Tag.«

»Ich esse ja viel lieber Nudeln«, warf Paul ein.
»Ja, und ich esse gern mal Pommes«, meinte Theo.

»Kartoffeln, aus denen ja Pommes gemacht werden, kannte man damals noch nicht. Sie kamen aus Amerika und das ist erst Ende des Mittelalters im Jahre 1492 entdeckt worden. Und Nudeln in der heutigen Form kannte man auch noch nicht.

Die reichen Burgherren aßen am liebsten Fleisch, welches auf einem Spieß am offenen Feuer gebraten wurde. Es wurde stark gewürzt und oft auch gezuckert. Bei einer Mahlzeit wurden oft mehrere Fleischsorten wie Geflügel, Schwein oder Rind gegessen. Da es nur dem Adel erlaubt war zu jagen, durften sie auch Wild essen. Kaninchen oder Fasane waren ihnen eine willkommene Abwechslung. Auch Fisch wurde viel gegessen; Obst und Gemüse hingegen fast gar nicht. Getrunken haben sie Wasser und teuren Wein, der oft erst importiert werden musste.«

»Und was aßen und tranken die Armen?«, fragte Paul.

»Die armen Leute, also die Bauern, aßen neben Brot überwiegend Hirse- und Haferbrei, aber auch viel Obst und Gemüse, welches auf den Feldern angebaut wurde. Sie lebten in der ständigen Angst einer Hungersnot. Fleisch wurde selten gegessen, denn es war teuer. Nur für besondere Anlässe wurden die eigenen Haustiere geschlachtet. Sie tranken Wasser, Bier und Obstsäfte. Bier wurde auch schon zum Frühstück getrunken.«
«Igitt!», warfen die Kinder ein.

Heute

1240 – 1249

Bau

1250 – 1556

Angriff

Ritter

Kinder

Leben und Arbeiten

Küche

Brücke

Unter der Burg

Großer Kurfürst

Gefängnis

Heute

21

# Bei Tisch

Rosine

Feige

Dattel

Aprikose

Mandel

»Wie ihr seht«, meinte Graf Ludwig, »aßen die Burgherren viel ungesünder. Dafür bekamen sie nicht nur Verstopfung, sondern auch allerlei Krankheiten, weil sie zu wenig Vitamine zu sich nahmen. Es konnten ihnen sogar die Zähne ausfallen.«

»Na, das geschah ihnen dann auch recht«, meinte Theo. »Sie brauchten ja auch nicht so viel Fleisch essen.«

»Es gab allerdings auch rund 130 Fastentage im Jahr, an denen man kein Fleisch, keine Milch, keinen Käse oder Quark und keine Eier zu sich nehmen durfte«, erzählte Graf Ludwig weiter.

»Haben die denn damals auch schon Süßigkeiten gekannt?«, wollte Lilly wissen.

»Ja, die Menschen im Mittelalter liebten die Süßigkeiten so wie ihr heute auch. Natürlich gab es noch keine Gummibärchen oder Schokolade. Stattdessen gab es getrocknete Früchte wie Rosinen, Datteln oder Feigen. Und es gab kandierte Früchte, die waren dann mit Honig oder Zucker verfeinert. Auch Marzipan gab es schon seit dem 15. Jahrhundert.«

»Gab es eigentlich schon Teller und Besteck?«, erkundigte sich Theo.

»Gut, dass du fragst. Als Teller benutzte man eine große alte Scheibe Brot. Nach dem Essen wurde sie den Armen gegeben oder an die Tiere verfüttert.

Erst später wurden Schalen und Teller aus Holz und dann auch aus Ton hergestellt.

Es gab Löffel für Suppen. Sie waren aus Holz. Und alle aßen aus einer Schüssel.

Burgherren, die richtig reich waren, konnten große Feste feiern mit reichlich Essen und teuren Getränken wie Wein. Auch wurden dann Musikleute, Gaukler und Minnesänger eingeladen, die gesungen, etwas vorgetragen, jongliert und Akrobatik gezeigt haben.

Minnesänger sangen von der Liebe. Und die hieß im Mittelalter Minne.

**TAFEL AUFHEBEN**
Die Tische bestanden aus Holzböcken mit Brettern darauf.

Nach dem Essen konnten die Bretter schnell weggeräumt werden, um zu tanzen. Heute bedeutet es, das Essen zu beenden.

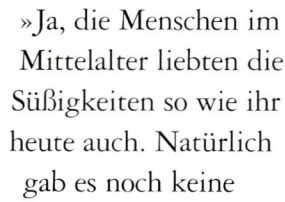

Die Gabel diente nur zum Festhalten des Fleisches, welches mit dem Messer geschnitten wurde. Erst später gehörte sie auch zum üblichen Besteck. Ansonsten wurde mit den Fingern gegessen«, erklärte Graf Ludwig den Dreien.

»Ich hoffe, die haben sich vorher die Hände gewaschen.« Paul kicherte. »Nicht so wie du, Theo.« »He, pass auf, du«, meinte Theo und knuffte seinen Freund in die Seite.

»Hört«, sagte Ludwig streng, »so langsam kamen auch die Tischsitten auf. Und jeder musste sich benehmen lernen. Rülpsen galt übrigens als Lob für den Koch. Aber es gab auch einige Regeln, die heute überflüssig sind, da man mittlerweile Taschentuch und Servietten kennt. Denn damals nahmen die Leute die Tischdecke oder die Hand, um sich den Mund abzuwischen oder sich zu schnäuzen. Das galt aber als unfein. Also nahmen sie einfach ihren Ärmel.«

»Das machen die kleinen Kinder ja noch immer so«, kicherte Lilly.

## Tischsitten

Hände waschen vor dem Essen
Nicht mit vollem Mund sprechen
Nicht schmatzen
Nicht anfangen, bevor die anderen es tun
Nicht die Ellenbogen auf den Tisch legen
Nicht mit vollem Mund sprechen
Nicht zu große Stücke in den Mund stopfen
Nicht die Beine übereinander schlagen, wenn Höhergestellte anwesend sind
Sich nicht an Körper oder Kopf kratzen
Aufpassen, dass keine sechsfüßigen Tiere an einem herumkrabbeln
Etwas für die Armen übrig lassen

Heute
1240 – 1249
Bau
1250 – 1556
Angriff
Ritter
Kinder
Leben und Arbeiten
Küche
Brücke
Unter der Burg
Großer Kurfürst
Gefängnis
Heute

23

Die »Löcher« in den Mauern der Burgwände dienten der Belüftung der Mauer.

Das zweite Tor ist von der Brücke aus nicht zu sehen, es liegt versetzt. So hatten die Angreifer keine gerade Schusslinie; und das Heranrollen eines Rammbockes sollte damit erschwert werden.

### FLASCHENZUG
Möchte man zum Beispiel 120 kg einen Meter hoch ziehen und hat dafür 2 Rollen, so halbiert sich das Gewicht (60 kg), dafür verdoppelt sich der Weg (2 m). Bei 6 Rollen wird der Weg 6 mal so lang (6 m), das Gewicht beträgt nur ein ⅙ des ursprünglichen Gewichts (20 kg).

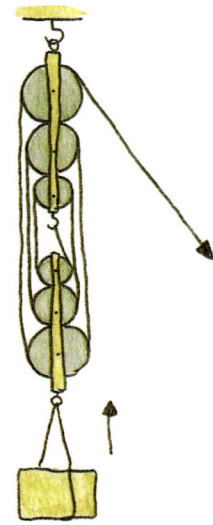

# Auf der Brücke

Graf Ludwig ging mit den drei Kindern zur Brücke. »Hier stehen wir also auf der Brücke«, meinte er. »Schaut euch mal um, fällt euch irgendetwas auf?«
»Etwas finde ich komisch«, sagte da Paul. »Da haben die früher extra die hohe Zugbrücke gebaut und dann gibt es da unten zwei Eingänge, direkt auf dem Fußboden. Die waren ja sicher leicht zu stürmen.« Auch Lilly und Theo blickten jetzt zu den Eingängen in den Rondellen rechts und links der Brücke hinunter.
»Das waren keine Eingänge, sondern Schießscharten«, erklärte Graf Ludwig. »Und damals war der Erdboden noch etwa 1–2 Meter tiefer, als ihr ihn jetzt seht. Sie lagen also nicht direkt auf dem Erdboden wie heute. Außerdem war hier vor der Burg, zwischen Marien- und Schusterrondell ein etwa 4 Meter breiter Wassergraben. Schaut euch die Schießscharten mal genauer an. Wisst ihr, weshalb die so komische Mauerecken haben?«
Die Kinder schüttelten ratlos den Kopf.

»Wären sie wie ein Trichter mit glatten Seiten gemauert, würden Kugeln von außen immer automatisch in die Burg geleitet. So stoßen sie aber an die Mauervorsprünge und prallen zur Seite ab, statt in die Burg zu fliegen. Daneben seht ihr noch zwei kleinere Schießscharten, durch die mit Handfeuerwaffen geschossen wurde.

Und jetzt zeige ich euch noch einen Schacht. Kommt!«
Sie gingen wieder auf das Burggelände und dann nach rechts zum Marienrondell. Mitten auf dem Weg war ein großes Loch mit Eisenstäben gesichert.
»Ich hab mich schon immer gefragt, was das soll«, meinte Lilly.
»Dort unten verläuft ein Weg vom Marien- zum Schusterrondell. Und auf der Stadtseite ist auch eine Zufahrt. Die lag damals

Schießscharte

Mauervorsprünge

auch ein paar Meter über dem Erdboden und wurde über eine Rampe erreicht. Von dort wurden Kanonen und andere Dinge auf die Burg gebracht. Als die Brücke im 2. Weltkrieg 1944 zerstört wurde, war man froh, dass es diesen Gang gab. Er  wurde viele Jahre als Zufahrt und auch für den Materialtransport beim Brückenneubau benutzt. Und durch diesen Schacht wurden dann die schweren und sperrigen Sachen hochgezogen. Dafür benutzte man einen Flaschenzug. Weiß jemand, was das ist?«

»Ja, mein Vater hat mir das mal erklärt«, meinte Paul stolz. »Über ein Seil, das über mehrere Rollen geführt wird, kann man schwere Sachen hochziehen. Je mehr Rollen, desto weniger Kraft braucht man. Aber Flaschen hängen da nirgendwo dran«, grinste Paul.

»Das hast du gut erklärt«, lobte Graf Ludwig. »Schaut noch mal in den Schacht. Dort unten seht ihr noch zwei Eingänge. Was es mit denen auf sich hat, erkläre ich euch, wenn wir hinuntergehen. Kommt mit!« Graf Ludwig führte die Kinder Richtung Schusterrondell, wo sich an der Ecke des Hauses der Eingang in die unterirdischen Gänge befindet.

Heute

1240 – 1249

Bau

1250 – 1556

Angriff

Ritter

Kinder

Leben und Arbeiten

Küche

Brücke

Unter der Burg

Großer Kurfürst

Gefängnis

Heute

**KASEMATTEN**
Die Erklärung findest du
in der Randspalte auf Seite 8.

Die Schießscharten lagen knapp
über dem Erdboden. Es wurde
also flach über den Boden
geschossen und alles umgehau-
en, was im Wege stand. Das war
wirkungsvoller als ein Schuss
von oben, der ja nur einen
Punkt traf.

Bis auf eine Stammbesetzung von
60–100 Mann waren die Soldaten
bei den Bürgern in der Stadt untergebracht. Nur bei einem Angriff
blieben sie auf der Burg. Später
wurden eigene große Unterkünfte,
die Kasernen, für sie gebaut.
Es wurden sogar Steine der später
verfallenen Burg dafür benutzt.

Die unterirdischen Gänge und
Hallen wurden damals – so um
1743 – alle mit Schutt zugeschüttet. Der Brunnen auch.

**DIE »FAULE MAGD«**
war eine über 2 m lange Kanone,
so schwer wie heute ein Auto. Mit
ihr konnte man 50 kg schwere
Steinkugeln abfeuern, groß wie ein
Wasserball. 10–20 Pferde zogen
den Karren mit der »faulen Magd«.

# Unter der Burg

»Haltet euch am Geländer fest!«, sagte Graf
Ludwig, als er mit den drei Kindern die Treppe
in die Gewölbe unter der Burg hinabstieg.
»Hier kann es manchmal rutschig sein.« Sie
stiegen weiter abwärts.
„Jetzt befinden wir uns also in den Kasematten
unter der Festung«, erklärte Graf Ludwig. Sie
betraten einen großen Raum. »Wir sind jetzt
unterhalb des Schusterrondells, aber knapp über
dem Erdboden. Von den ehemaligen Geschütz-
ständen rechts und links können wir durch die

Geschützstand

Diese Kanone wurde nie
abgefeuert. Sie steht hier nur
zur Demonstration.

Schießscharten hinaussehen. Die linke,
eine Dreifachscharte, haben wir eben von
der Brücke aus gesehen. Hier war beim
Angriff die Besatzung untergebracht. Sie schlief
auf Stroh. In der Mitte gab es ein Feuer.

»Was ist das denn für ein Raum?« Lilly stand
in einem kleinen, etwa 1 mal 2 Meter großen
Raum neben der Schießscharte.
»Das waren Deckungsnischen oder Schutz-
stände«, erklärte Graf Ludwig. »Und dies«,
er streckte seinen Arm durch einen schmalen
Schlitz, »nannte man Luntennasen. Ihr müsst
wissen, es war nicht ungefährlich, eine Kanone
zu zünden. Manchmal konnte der Schuss wirklich nach hinten los gehen. Deshalb gingen die
Soldaten in Deckung. Von hier aus durch diese
Schlitze zündeten sie die Kanonen mit einer
Lunte, einem geflochtenen Band an einem
Holzstab, das in Brand gesetzt wurde. Neben
der großen Schießscharte für die Kanonen gab
es noch zwei kleinere rechts und links davon.
Dadurch wurde mit Handfeuerwaffen geschossen. Das war nötig, denn Kanonen mussten
nach jedem Schuss lange abkühlen, bevor sie

Lunten-
nasen

Deckungs-
nische

früheres
Wasser-
verteilungs-
becken

neu geladen werden konnten. So konnte nur etwa 6 – 8 mal am Tag geschossen werden.«

»Und was ist das für ein Raum gewesen?« Theo hatte sich inzwischen umgesehen. Er stand vor einem kleinen Raum neben der Deckungsnische.

»Das war ein Wasserverteilungsbecken. Denn auch hier unten brauchten die Soldaten Wasser – zum Trinken und Brot Backen. Das Wasser wurde durch ausgehöhlte Baumstämme – den Pipen – von einem Teich bei Brand's Busch bis hierher geleitet und verteilt. Die Leitung war etwa 1 Kilometer lang. Ein Überlauf leitete das Wasser vor die Burg, so dass unterhalb der Brücke, zwischen Marien- und Schusterrondell, ein etwa 4 Meter breiter Wassergraben gefüllt werden konnte.

Und hier seht ihr noch den großen Backofen.« Graf Ludwig betrat den letzten Raum. Die Kinder folgten ihm. »Schaut ruhig einmal in den Ofen hinein!«, forderte er sie auf. »Er ist riesengroß, man konnte darin damals bis zu 100 Brote auf einmal backen. Dazu wurde auf dem Boden des Ofens Holz verbrannt. Wenn die Steine heiß waren, wurde die Asche hinausgefegt und der Brotteig kam in den Ofen. War das Brot fertig, wurde es dort oben in dem kleinen Vorratsraum gelagert. Dort war es vor Ratten und Mäusen geschützt. Heutzutage könnt ihr übrigens hier unten auch euren Kindergeburtstag feiern.«

»Fantastisch!«, schwärmte Paul.

»Super gruselig«, stimmte Theo zu.

»Nee, mir ist es hier viel zu dunkel und zu kalt«, meinte Lilly.

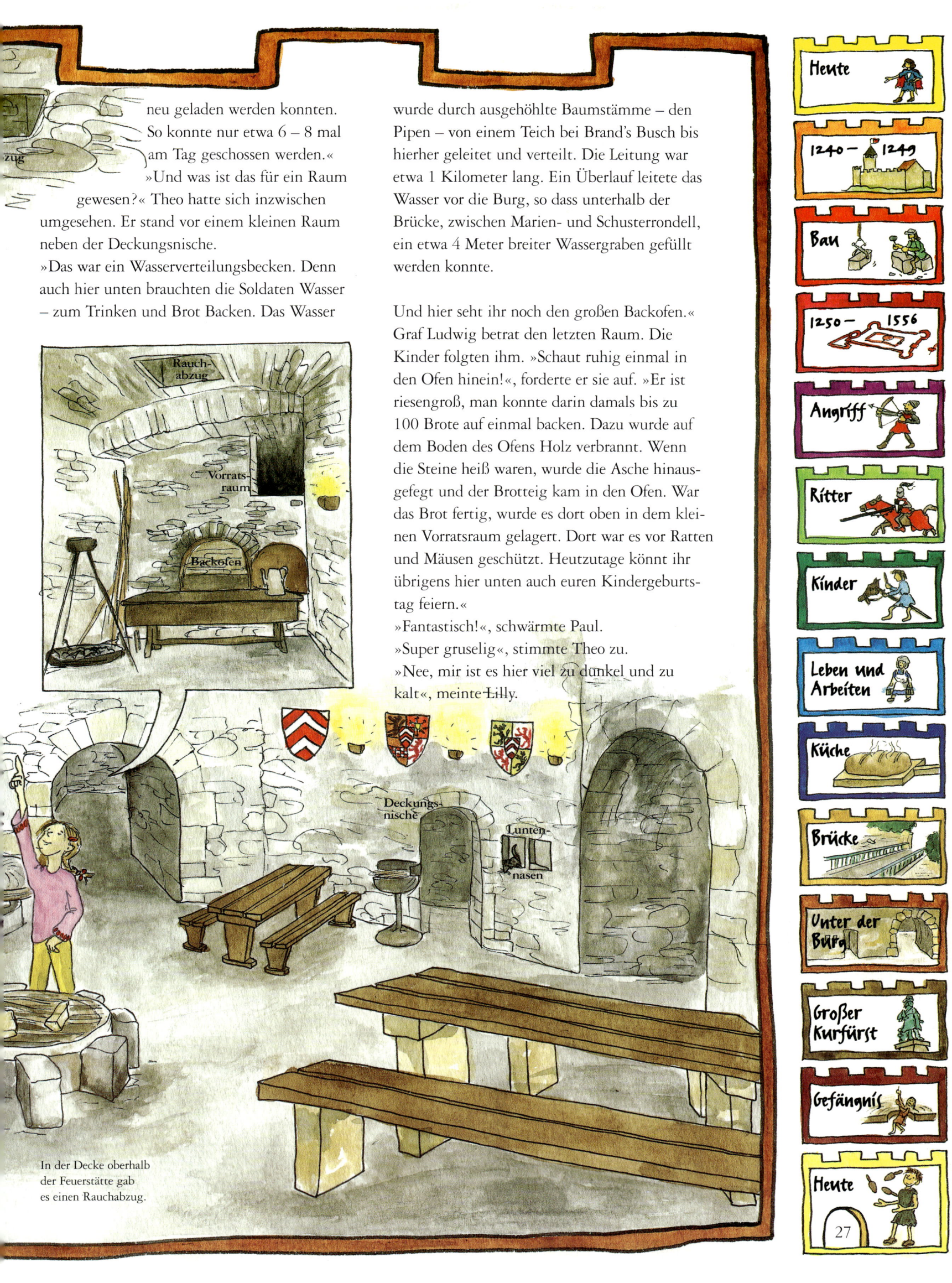

In der Decke oberhalb der Feuerstätte gab es einen Rauchabzug.

Rauch-abzug

Vorrats-raum

Backofen

Deckungs-nische

Lunten-nasen

Heute

1240 – 1249

Bau

1250 – 1556

Angriff

Ritter

Kinder

Leben und Arbeiten

Küche

Brücke

Unter der Burg

Großer Kurfürst

Gefängnis

Heute

27

## Bei der »Mausefalle«

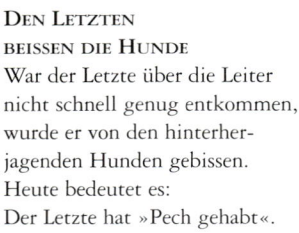

**DEN LETZTEN
BEISSEN DIE HUNDE**
War der Letzte über die Leiter
nicht schnell genug entkommen,
wurde er von den hinterher-
jagenden Hunden gebissen.
Heute bedeutet es:
Der Letzte hat »Pech gehabt«.

**SPLITTERBOMBEN**
waren Dosen, gefüllt mit Pulver,
Steinchen, Nägeln und anderem,
die den Angreifern dann bei der
Explosion um die Ohren flogen.

Heute ist der
Schacht der
Mausefalle
durch Einleitung
der Hofentwässe-
rung überflutet.

»Kommt weiter!«, forderte Graf Ludwig die Kinder auf und führte sie den Gang zurück. »Hier oben«, sagte er und zeigte nach oben, »hier oben haben wir vorhin gestanden. Wir befinden uns auf dem Weg zwischen Schuster- und Marienrondell. Dies ist der Schacht, durch den damals die sperrigen Sachen nach oben transportiert wurden.« Alle schauten sie hoch.

»Und dort hinten seht ihr den Zugang von außen. Er liegt neben dem Marienrondell, und der Gang verbindet dies und das Schusterron- dell miteinander. Heute ist da ein Eisengitter. Damals wurde dieses Hauptversorgungstor durch mehrere, hintereinander liegende, dicke Eichenholztore gesichert. Wurde die Burg belagert, wurden die Tore mit nassen Tier- fellen bedeckt oder mit Metall beschlagen, damit die Angreifer sie nicht in Brand stecken konnten.

Hätten Angreifer es geschafft, die Tore zu zerstören, wären sie auf einige Gemeinheiten gestoßen, die die Burgbesatzung sich aus- gedacht hatte. Das letzte Tor war durch eine Schüttöffnung in der Decke besonders

gesichert. Hätten sich Angreifer daran zu schaffen gemacht, hätten sie Steine, Geröll oder auch mal heißes Wasser oder Pech auf den Kopf geschüttet bekommen. Damals waren dort oben noch Holzzwischenböden, auf denen die Soldaten laufen konnten.«

Graf Ludwig ging ein Stück zurück. »Und hier rechts seht ihr ein Loch in der Wand, etwa 10 Meter vom letzten Tor entfernt«, erklärte er. »Das war eine Kugelrollbahn.« »Das hört sich toll an«, staunte Theo. »Ja, das war es auch. Hätte es wirklich mal jemand bis hierhin geschafft, so konnten die Soldaten vom Torhaus her Splitterbomben durch eine Röhre rollen, die hier endete. Mit Hilfe einer langen, genau berechneten Zündschnur explodierten sie vor dem Tor. »Aufregend«, rief Paul begeistert.

»Ja. Und zu guter Letzt gab es noch die Mausefalle.« »Das klingt toll«, rief Lilly. »Die ist aber auch nie zum Einsatz gekom- men, sollte aber so funktionieren: Hätten die Angreifer es geschafft, in die Rondelle ein-

zudringen, so konnte sich die Burgbesatzung durch den Gang flüchten, den ihr dort oben neben der Schüttvorrichtung seht. Er führte zum Burginnenhof. Am Ende war ein etwa 1,5 Meter tiefer alter Schacht. Kurz davor eine Leiter, über die sich die Burgbesatzung auf den Burghof retten und die sie dann hinter sich hoch ziehen konnten. In der Dunkelheit sollten die Angreifer weiterlaufen und in das Loch fallen. Dort konnten sie zwar mit einer Leiter von ihren Leuten befreit werden; wegen der vielen Kurven und der niedrigen Gänge war es

aber nicht möglich, eine ausreichend lange Leiter mitzunehmen, um ebenfalls in den Burghof zu gelangen. Die Angreifer saßen also fest – wie in einer Mausefalle – und konnten beschossen werden.«

»Die haben sich aber richtig was einfallen lassen«, meinte Lilly anerkennend.
»Ja, die Burg war wirklich gut geschützt und wurde deshalb auch nie erobert.«

Graf Ludwig führte die Kinder wieder ans Tageslicht.

Schütt-öffnung

Gang zum Burginnenhof

Eingang

Standort

Schusterrondell

Marienrondell

Ausgang der Kugel-rollbahn

Heute

1240 – 1249

Bau

1250 – 1556

Angriff

Ritter

Kinder

Leben und Arbeiten

Küche

Brücke

Unter der Burg

Großer Kurfürst

Gefängnis

Heute

29

Friedrich Wilhelm – der Große Kurfürst: Er ordnete an, dass das Leinen geprüft werden müsse, denn es sollte nur gute Qualität verkauft werden.

Dies geschah auf der Legge, das Haus, in dem das Leinen geprüft wurde.

Danach bekam es einen Stempel. Dieser machte so viel Eindruck wie ein heutiges Markenzeichen.

Stempel der Bielefelder Legge mit den Initialen König Friedrich Wilhelms

Die Stadt verkaufte nun gutes Leinen, und einige wurden sehr reich.

Graf Ludwig ging mit den drei Kindern zum Burghof. »Ach«, meinte er plötzlich, »wisst ihr eigentlich, dass in Bielefeld mehr Menschen an der Pest als durch den 30-jährigen Krieg gestorben sind?«

»Was war die Pest?«, wollte Lilly wissen.
»Die Pest war eine schreckliche, ansteckende Krankheit. Damals gab es noch kein Wasser aus dem Wasserhahn und keine Kanalisation, und so trieben sich viele Ratten in den Städten herum. Außerdem wuschen sich die Menschen noch nicht so viel wie heutzutage.

Die Pest wurde von Rattenflöhen auf den Menschen übertragen. Und dann übertrug sie sich auch schnell von Mensch zu Mensch. Fast jeder ist daran gestorben.«

»Ja, gab es denn keine Ärzte?«, fragte Theo erschreckt.

»Schon«, antwortete Ludwig, »aber die wussten leider auch keinen Rat. Es gab kein Gegenmittel. Und wenn sie mit den Erkrankten zusammenkamen, war es nicht selten, dass auch die Ärzte krank wurden und starben. Man bekam Schüttelfrost und Fieber, und bei der Beulenpest gab es auch noch dicke schwarze Beulen am Körper. In wenigen Tagen waren die Menschen tot. Sie wurden in Tücher gewickelt und abends einfach vor die Tür gelegt. Frühmorgens kamen dann die Leichenträger und hoben die Toten auf einen Karren. Der war schon so voll, dass er bald zu brechen drohte. Die Toten wurden dann verbrannt, damit sich die Seuche nicht weiter ausbreiten konnte. Fast jeder trug einen Mundschutz, um sich nicht anzustecken. Allein im Jahr 1636 starben 600 Menschen in Bielefeld. Das war sehr viel zu der Zeit, denn die Stadt hatte ja nur etwa 3000 Einwohner. Aber auch das war für damalige Verhältnisse schon sehr viel. Bielefeld gehörte damit schon zu den größeren Städten.«

»Wieso gibt es eigentlich keine Gebäude der alten Burg mehr?«, wollte Theo wissen, als sie den Burghof erreichten. »Du hast uns doch erzählt, dass sie nie erobert wurde.«
»Sie wurde zwar nicht durch Angriffe zerstört, aber sie ist stark verfallen«, fing Graf Ludwig an zu erklären. »Die Familie von Kleve, der die Burg damals gehörte, hatte im Laufe der Jahre auch zwei weibliche Nachkommen, die wiederum in andere Familien einheirateten. Und damit begannen etwa im Jahre 1609 die Erbstreitereien. Keiner wusste mehr, wem nun die Grafschaft Ravensberg und die Burg gehörte. Und während die Familien stritten, verfiel die Burg. Und 1612 beschädigte ein starkes Erdbeben Teile der Burg.

Jahrelang wurde um die Burg gestritten, bis sie dann 1647 an Brandenburg-Preußen fiel. Und ein Jahr später war dann endlich auch der Krieg vorbei, die Pest war überwunden und es kamen auf Bielefeld wieder bessere Zeiten zu. Dieser gute Mann hier«, meinte Graf Ludwig und zeigte auf das Denkmal, »das war Friedrich Wilhelm, der Große Kurfürst, dem die Burg nun gehörte. Er schützte die Stadt. Er ließ die zerstörten Teile der Burg wieder aufbauen. Allerdings war die Burg nun keine Festung mehr, sondern ein repräsentatives Wohnhaus.

Er wohnte mit seinem Gefolge – und das waren etwa 170 Personen – auf der Sparrenburg. Seine Frau Dorothea bekam hier ihre beiden Kinder.

In Bielefeld begann man bald Garn und Leinen herzustellen. Der Große Kurfürst förderte das Leinengewerbe und somit auch den Reichtum der Stadt.

Im Jahr 1688 starb er leider. Und abermals begann die Burg zu verfallen. Die Große-Kurfürsten-Straße ist nach ihm benannt und ihm zu Ehren wurde 1900 dies Denkmal auf der Sparrenburg aufgestellt. Hier ist es. Da steht etwas Lateinisches drauf. Weiß

# Beim Großen Kurfürst

einer von euch, was es bedeutet?«, fragte Graf Ludwig die Kinder.
»Keine Ahnung, wir haben ja noch kein Latein in der Schule, aber du wirst es uns sicher gleich sagen, oder?«
»*Domine fac me scire viam, quam ambulem* steht dort – und das heißt etwa »Oh Gott, lass mich

FRIEDRICH WILHELM
GROSSER KURFÜRST
1610 – 1688
DOMINE, FAC ME SCIRE VIAM
QUAM AMBULEM

wissen, welchen Weg ich gehen soll.«
»Toll«, staunte Paul.

Heute

1240 – 1249

Bau

1250 – 1556

Angriff

Ritter

Kinder

Leben und Arbeiten

Küche

Brücke

Unter der Burg

Großer Kurfürst

Gefängnis

Heute

31

**KASERNE**
Große Unterkunft für Soldaten.
Lag unterhalb der Burg in der
Hans-Sachs-Straße. In dem
Gebäude sind heute Wohnungen.

**TÜRMEN**
hieß früher: in den Turm flüchten.
Heute bedeutet es abhauen oder
fliehen.

Der Brunnen hat eine Tiefe von
61 Metern.
Der Turm ist heute 37 Meter hoch.
Er würde von seiner Höhe her fast
zweimal in den Brunnen passen!

Damals wurde den Gefangenen
ein Ohr abgeschnitten, wenn sie
entlassen wurden, damit man sie
immer wiedererkennen konnte.
Später machte man nur noch einen
Schlitz ins Ohr. Daher kommt der
Ausdruck »Schlitzohr« für Leute,
die etwas ausgefressen haben.

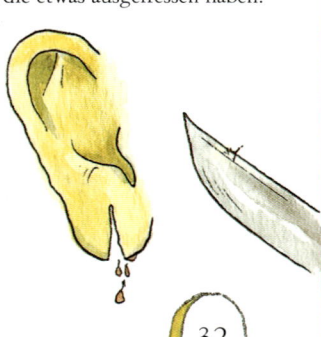

# Vom Gefängnis

»Gab es auf der Burg auch ein richtiges
Verlies?«, fragte Paul Graf Ludwig von
Ravensberg.
»Oh ja«, sagte dieser. »In der Stadt sprach
man von einem Angstloch.«
»Oh, das klingt ja schrecklich«, meinte Lilly
schaudernd.
»Das Verlies befand sich hier unten im Turm«,
erklärte Graf Ludwig und klopfte gegen die
dicken Mauern. »Der Eingang zum Turm lag
aus Sicherheitsgründen etwa drei Meter über
dem Erdboden und war über die Wehrgänge
auf den Mauern zu erreichen. Im Fußboden
befand sich ein kleines Loch. Dies nannte man
*Angstloch.* Die Gefangenen wurden an einem
Seil durch das Loch ins Verlies hinunter

gelassen. Dort unten war es dunkel, kalt und feucht. Der Raum war etwa 20 Quadratmeter groß, es gab kein Fenster. Manchmal bekamen sie Lebensmittel hinuntergeworfen. Nicht alle haben es überlebt. Einmal im Jahr musste der Henker hinunter, um dort zu säubern. Vorher prüfte er genau, ob das Seil noch nicht morsch war, so dass er auch wieder hoch konnte.«

»Konnte denn niemand fliehen? Warum haben sie keinen Tunnel gegraben?«, fragte Theo aufgeregt.
»Das war leider nicht möglich«, meinte Graf Ludwig. »Die Gefangenen hatten weder Werkzeug noch Kraft. Sie waren völlig aus-

gehungert. Und die Mauern waren dort über 3 Meter dick. Das hätte niemand geschafft.

Als die Burg langsam verfiel, wurde alles, was baufällig war, abgerissen.
1743 wurde auf der Burg ein neues Gebäude errichtet – dort, wo heute das Restaurant steht. Und das diente dann als Gefängnis.
1775 wurden übrigens sogar Steine der Burg genommen, um in der Neustadt eine Kaserne zu bauen. Viele Bürger nutzten auch die Gelegenheit, ebenfalls günstig an Bausteine zu kommen, da die Burg schon fast wie ein Stein-bruch war. 1844 wurde das Gefängnis um ein drittes Stockwerk erhöht. Nun hatten etwa 170 Gefangene dort Platz.

Es gab mittlerweile auch eine Unterteilung der Gefangenen, je nachdem, was sie ver-brochen hatten. Und sie mussten arbeiten. Sie mussten weben, spulen und Flachs spinnen. Sie tischlerten und erledigten die Feld- und Gartenarbeit. Außerdem nähten sie sich ihre eigene Kleidung. Sie sollten sich bessern, sie wurden auf vielen Gebieten gefördert, so dass sie nach der Entlassung ein normales Leben führen konnten.
Trotzdem galt der Sparrenberg allgemein als ein Ort des Schreckens.

Aber die Gefangenen haben viel geleistet. Die unterirdischen Gänge und der Brunnen waren zugeschüttet. Das Trinkwasser musste müh-sam mit einem Karren aus der Stadt geholt werden. 1833 legten die Gefangenen den zugeschütteten Brunnen wieder frei. Wer als erster auf Wasser stieß, sollte freigelasssen werden. Also schufteten alle, was sie konnten, denn jeder wollte der Schnellste sein. Dum-merweise fiel derjenige, der Wasser fand, vor lauter Glück darüber gleich tot um – so wird es jedenfalls überall erzählt.

Außerdem legten die Gefangenen die Prome-naden mit den Bäumen auf der Burg und von dort bis zu Brand's Busch an. 1877 brannte dann das Gefängnis ab. Irgendein Handwerker hatte wohl seinen heißen Lötkolben auf dem Dach liegen gelassen.«

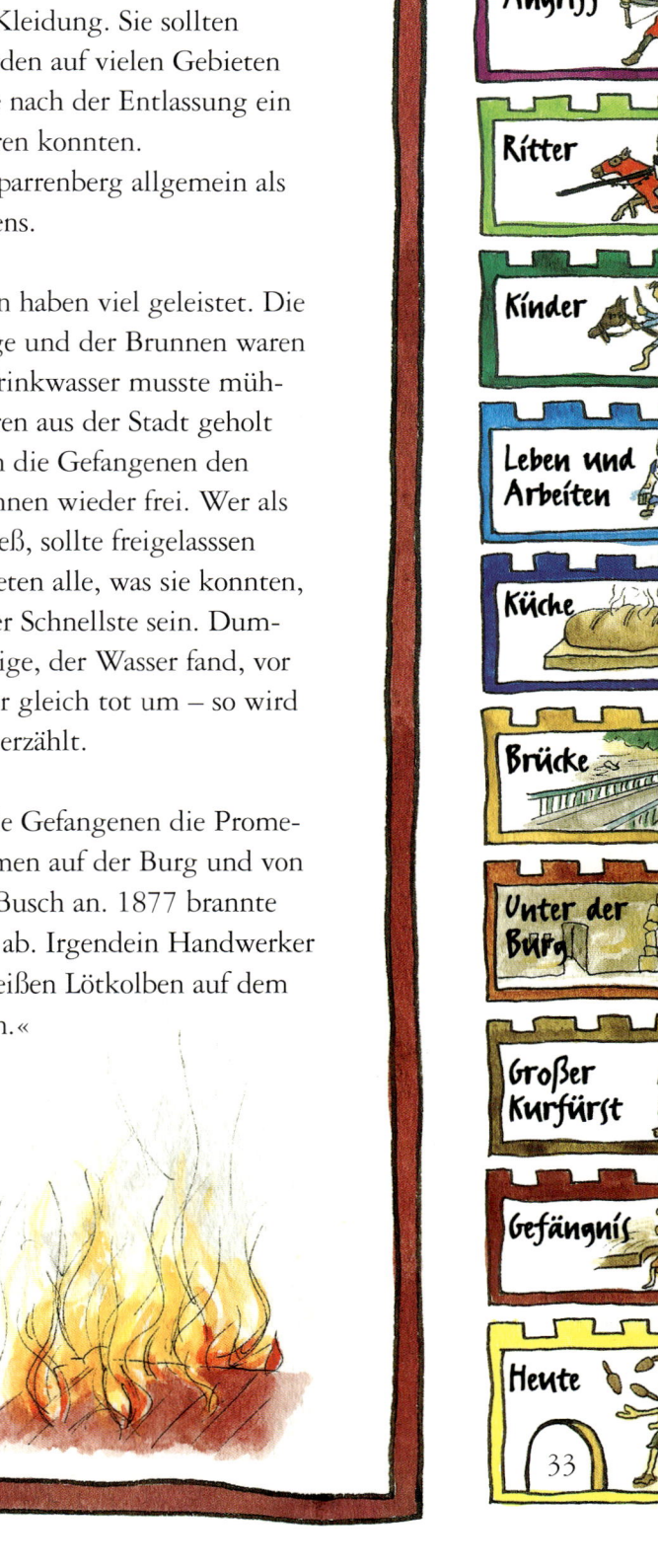

Im ersten Obergeschoss des Restaurants auf dem Burggelände gibt es ein Trauzimmer, in dem man heiraten kann, und einen Saal für etwa 100 Personen zum Feiern. Im zweiten Obergeschoss befinden sich Privatwohnungen.

**HERMANNSLAUF**
Start für die Läufer ist das Hermannsdenkmal bei Detmold, Ziel die Sparrenburg. Die Strecke ist etwa 30 km lang. Der Hermannsweg beginnt bei Horn-Bad Meinberg und führt bis nach Hörstel zwischen Rheine und Ibbenbüren.

Im Winter wohnen in den Gängen der Sparrenburg übrigens Fledermäuse. Sie halten dort ihre Winterruhe und wollen nicht gestört werden durch Krach oder Licht. Die Beleuchtung des Turmes in der Nacht zieht viele Nachtfalter an. So finden die Fledermäuse immer reichlich Beute und fühlen sich wohl.

Ein Sparrenburgfest gab es bereits 1884 zum ersten Mal. In der neueren Zeit findet das Sparrenburgfest jährlich seit 1981 statt. Jedes Jahr im Sommer verwandelt sich das Burggelände in einen mittelalterlichen Jahrmarkt.

# Die Sparrenburg heute

»Als nach dem Gefängnisbrand 1877 die Gefangenen woanders untergebracht wurden, war die Sparrenburg nur noch eine Ruine«, erklärte Graf Ludwig den Kindern weiter. »Aber die Stadt Bielefeld war romantisch veranlagt und wollte die Burg wieder aufbauen. So kaufte sie im Mai 1879 die Burg für sehr wenig Geld (heute etwa 4560 Euro) vom preußischen Staat, dem die Burg damals gehörte. Und man baute die Burg weitgehend wieder auf. Im Jahre 1900 wurde dann das Denkmal des Großen Kurfürsten im Burghof aufgestellt.

44 Jahre später wütete der 2. Weltkrieg auch in Bielefeld. Fast die gesamte Altstadt wurde zerbombt. Leider blieb auch die Sparrenburg nicht verschont. Alle Gebäude, bis auf den Turm, wurden zerstört. Auch das schöne Torhaus und die Brücke,

die zu dieser Zeit schon eine feste steinerne Brücke war, fielen den Bomben zum Opfer. Doch die Burg wurde abermals aufgebaut. Als Zufahrt diente der unterirdischer Gang nahe dem Marienrondell. 1949 war die Burg wieder zur Besichtigung freigegeben. 1953 gab es auch wieder eine neue Brücke, so wie ihr sie heute kennt. Seither ist die Burg ein beliebtes Ausflugsziel. Die ganze Renovierung dauerte fast 10 Jahre und hatte etwa 300.000 DM gekostet.

In dem großen Gebäude im Burghof befindet sich heute ein Restaurant. Von Frühjahr bis zum Herbst kann man den Turm besteigen. Von dort oben hat man eine

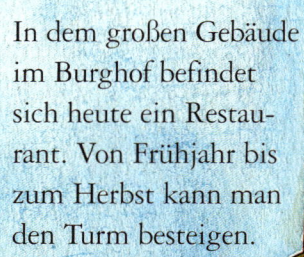

herrliche Sicht über die gesamte Burganlage und die Stadt. Außerdem gibt es in dieser Zeit auch Führungen durch die unterirdischen Gänge. Jedes Jahr im April endet kurz vor der Sparrenburg der legendäre Hermannslauf. Einmal im Jahr gibt es hier auf der Burg einen Töpfermarkt.

Und dann gibt es natürlich das traditionelle Sparrenburgfest im Juli.«

»Ja, davon haben wir in der Schule gehört«, sagte Lilly schnell. »Was genau ist denn das eigentlich?«

»Über 50 Leute lassen für uns das Mittelalter wieder lebendig werden – durch ihre Kleidung, ihre Sprache und die Waren, die sie anbieten. Es gibt dort Schmiede und Töpfer, Filzerinnen und Spielleute, Jongleure und Gaukler, Handwerker und Seilmacher und viele mehr. Sie zeigen, wie damals gearbeitet wurde. Es gibt Essen, Musik, Tanz und Unterhaltung wie in alter Zeit. Abends wird ein Pestzug durch die Stadt nachgespielt.

Kommt mich doch nächste Woche besuchen, ich werde auch dort sein..

So, jetzt muss ich aber wieder gehen.« Graf Ludwig von Ravensberg drehte sich um.

»Vielen Dank für diese spannenden Geschichten«, rief Lilly ihm nach.

»Es war wirklich toll. Wenn wir das in der Schule erzählen, dann werden die aber staunen«, meinten auch Paul und Theo.

»Bis nächste Woche!« Graf Ludwig winkte noch einmal und verschwand durch eine dicke Mauer des Turmes.

»Ihr habt wirklich eine tolle Burg!«, meinte Paul zu Theo und Lilly.

Kannst du alle diese Dinge auf
dem Bild entdecken?
Siehst du auch Graf Ludwig,
Lilly, Paul und Theo?

Wieviele Katzen sind auf dem
Bild?
Zählst du mehr oder weniger
als 60 Leute?

# Das Sparrenburgfest

TAVERNE

...nd Kurzweyl!

Heute

1240 — 1249

Bau

1250 — 1556

Angriff

Ritter

Kinder

Leben und Arbeiten

Küche

Brücke

Unter der Burg

Großer Kurfürst

Gefängnis

Heute

37

# Bau dir dein Wurfgeschoss

## DU BRAUCHST

1 Holzleiste, 5 x 15 mm, mindestens 76 cm lang
1 Rundholzstab, Durchmesser 6 mm, mindestens 5 cm lang
1 halbe Walnussschale oder eine Streichholzschachtel oder etwas
Ähnliches als Wurfschale
Holzleim
Säge
Bohrmaschine
Holzbohrer, 6 mm und 8 mm

Falls dein Wurfgeschoss Räder haben soll, so schaue auch dort
nach!

## ANLEITUNG

1. Säge die Holzleiste in folgende Stücke:
2 x 12 cm lang
2 x 8 cm lang
1 x 19 cm lang
2 x 6 cm lang
3 x 1,5 cm lang

2. Säge vom Rundholzstab ein 5 cm langes
Stück ab.

3. Bohre folgende Löcher:
in die 8 cm langen Leisten an einer Seite je
ein 6-mm-Loch (A) mittig, 1 cm vom Rand
entfernt.
In die 19 cm lange Leiste mittig ein 8-mm-
Loch (B).

**Nun ist dein Wurfgeschoss fertig.**

Vielleicht möchtest du es mit deinem eigenen Wappen versehen. Denke dir ein Wappen aus (Ideen dazu findest du hier auf der Seite unten) und male es auf ein 1,5 x 1,5 cm kleines Stück Papier. Dies kannst du auf dein Wurfgeschoss kleben.

4. Leime die beiden 8 cm langen Leisten je an die beiden 12 cm langen Leisten, mittig, im rechten Winkel (siehe Zeichnung). Trocknen lassen.

5. Leime die 3 kleinen 1,5 cm langen Holzleisten und die halbe Nussschale laut Zeichnung fest. Trocknen lassen.

6. Stecke das 5 cm lange Rundholz durch Bohrung B der 19 cm langen Holzleiste und leime die Enden des Rundholzes in Bohrung A fest. Achtung: Die angeleimten 8-cm-Stücke gehören nach innen! Leime dann die 6 cm langen Holzleisten von oben am Ende der 12 cm langen Holzleisten laut Zeichnung fest. Trocknen lassen.

**Falls dein Wurfgeschoss auch Räder bekommen soll, musst du noch folgendes tun:**

Du brauchst:
4 Holzscheiben, mindestens 5 mm dick, mindestens 2 cm im Durchmesser, in die du mittig ein 6-mm-Loch bohrst (etwas schwierig!) oder gleich 4 Holzräder mit 6-mm-Bohrung. Dein Rundholzstab muss mindestens 19 cm lang sein.

1. Bohre ganz zu Anfang laut Zeichnung die vier 8-mm-Löcher C ans Ende der 12-cm-Leisten, mittig, 1 cm vom Rand.

2. Säge zwei 7 cm lange Stücke vom Rundholzstab ab. Stecke sie, wenn das Geschoss fertig ist, durch die Bohrungen C und leime von außen die vier Räder fest. Trocknen lassen.

Als Munition sind kleine Papierkügelchen oder Rosinen geeignet. Du solltest nicht mit harten Gegenständen schießen!

**Wappen im Mittelalter**

Im Mittelalter durften nur diese 7 Farben für ein Wappen benutzt werden: Schwarz, Silber, Gold, Rot, Grün, Blau und Violett. (Gold und Silber kannst du auch durch Gelb und Weiß darstellen.)
Hier sind einige Beispiele für Wappen. Vielleicht denkst du dir auch selbst eins aus!

# SUCHSPIEL

Du warst sicher schon oft auf der Sparrenburg,
oder? Hast du auch schon alle diese Dinge entdeckt,
die du hier auf den Bildern siehst? Du kannst sie auf dem Burggelände suchen.
Halte die Augen offen und schau auch mal nach oben!

1

2

3

4

5

6

7

8

9

10

Feuerwehr-
zufahrt
freihalten
§ 5 BauO NW

11

12

Um dieses Bild zu finden, musst du einmal außen um die Burgmauern gehen.

40

Auf jeder (Doppel)Seite hat sich ein Mäuschen versteckt – habt ihr alle 25 schon entdeckt?

Habt ihr alle Bilder
vom Suchspiel gefunden?
Möchtet ihr wissen, wo sie sich
befinden? Dann schickt einen
frankierten Briefumschlag mit eurer
Anschrift an folgende Adresse:
Verlag Thomas P. Kiper
Hunteweg 28 · 33689 Bielefeld

Die Lösung wird erst ab 1. September 2005
bekannt gegeben.